생의 점묘화,
어디만치

생의 점묘화,
어디만치

미람未嵐 박시랑 제6시집

| **시인의 말**

'나부끼는 선창'을 지나, 여전히 내 발 다리는
점묘화를 그리고 있다.
여직 어디에서도 주류는 되지 못해서
세상의 발치를 악전고투로 살아오며
평지에 난 종기들을 약 바르고 곪은 상처들을 외과에 보이며
나의 투쟁을 하나씩 점찍어 가고 있다. 욕이 귀에 들어올까만
적어도 이 시편들이 극단적 이기의 발상이 초래한 일은 아니며
아직 공의가 살아있어 누구에게나 귀천 없이 고저 없이 빈부 없이
보통의 또 평등한 삶이 될 수 있기를 희망한다.
알량한 힘과 높이들을 몇 대씩 쥐어박으며 나도 쥐어박히며
살아왔지만
세상은 고르고 맑혀도
수압과 결과 그늘과 잡동사니가 상존하는 해면이다.
어쩌면 이 시들은 작은 기도인지도 모르겠다.
극단적 이기로 찢어질 듯한 땅에 큰 변화를 초래하지 못해도
작은 기도의 물결이 되어 맑아지는 세류이길 바란다.
멀리서 가까이서 내 시의 길을 응원하는 여러분들께 감사드리며
여러분들도 뜻하시는 바들 모두 이루어져서 이 땅에 극락이
도래하길 감히 염원한다.

2024년 6월
시흥 능골에서 미람未嵐

차례

| 시인의 말

제1부

12 •
울음 가득한 나라

13 •
정동향의 집

14 •
얼굴에 달린
날개들로

16 •
아프메리카를 중심으로
판게아의 분산을 풀다

17 •
비빔밥이나 잡탕밥

18 •
헐렁한 마음으로
말랑한 것들을

20 •
고구마들의 위장

22 •
발복을 비는 미음들과 이후

24 •
큰 나무 아래
작은 나무의 변

26 •
아버지의
손녀 사랑과 주식

28 •
쇠시리

30 •
떡고물 론

제2부

34 •
집념으로 수금하기

36 •
영별의 시간

38 •
불혹의 하와와 아담

40 •
일본인 상사 가토 씨와

42 •
소나무

44 •
뉴욕의 눈

46 •
지구를 위한 달짓들

48 •
네팔의 마르샹디 댐 공사현장에서

51 •
틈새

52 •
부침개를 부치면

54 •
말리 아가씨의 꿈

56 •
포위 속의 선창집, 40년 戰史

58 •
사라지려는 단어 '동무'의 되새김

59 •
마사이 족의 할례식

제3부

62 •
염습 된 사자는

64 •
회리나 소용돌이
휘돌아 가듯

66 •
노숙에 끌리다

68 •
아지랑이

69 •
꼬리뼈로 생리하는

70 •
군인 체벌,
원산 폭격

72 •
고향을 거듭 심는데

74 •
버려진 공

76 •
무릎들 찧고 원산폭격하고 어깨 부딪고 쓰러지다

78 •
소괄호

80 •
별들을 부르던
등대 우물

82 •
로빈 깁(Robin Gibb)이
화양연화를 녹음할 때

84 •
다정한 대걸레들

86 •
통영의 해저 터널

88 •
가장 함축된 시

90 •
이어열도에서

92 •
외제 순대를
만들며

94 •
뱀술

96 •
풍만하고
풍성해서

98 •
파도 위에
집을 두고

제4부

102 •
소주에 취한 뙈기 땅

104 •
어머니 속의 어둔
溫井을 키우며

107 •
은화과隱花果

108 •
기후새

110 •
달무리 속에서 달이

112 •
규화목

114 •
칸나와 베르테르(Werther)

116 •
움직이는 꽃나무

118 •
사람이 길일 때

120 •
애주가의 보법과 딸기코 아들

122 •
두루마리와 노는 아이의
직업 예측

124 •
여덟에 에워싸인 혹은
여덟을 가진 하나

125 •
천수만 상공의 새떼 그물

126 •
졸복이 날아 지상으로 다시…

128 •
지구본

129 •
멀리 수평선

130 •
동백꽃이 멀리 동박새에게

132 •
상록에 살다 가는 태생 도인처럼

134 •
개울물 소리와

136 •
기다리는 외짝들

138 •
평화의 하오

139 •
대출 도서의 반납 연장

140 •
급사굴곡 해안(Rias coast)

142 •
제 9 병동(Ward 9)

144 •
사랑이 떠난 뒤
마늘을 까고

146 •
툰드라 지하에서 온
꽃나무와 나

148 •
꽈리

150 •
점보라니?

152 •
볕뉘

153 •
하늘의 아랫목에서

제1부

울음 가득한 나라

유난히 슬픔의 인자가 많은 나라인지

마소나 까치의 소리와
바람과 파도와 천둥의 소리도
입은 옷마저 울고
꽹과리 경적은 울려서 울고,

수많은 외침을 겪어서인지
지금도 전란이나 병으로 무언가 서럽게 우는 듯
수많은 소리가 울음이어서
호, 온통 슬퍼지려나
이 영토?

환한 햇빛 부시디부셔
눈이 저무는데
제발 울리거나 울지 말고
웃기고 웃는 소리 들리길….

정동향의 집

창틀의 두 손이 해를 받쳐 올리니
지척이 정동진인 듯한

동녘을 마주 가면
새해 맞는 인파가 바람 찬 해변 추위를
잉걸불에 던져넣어 반쯤 데우겠다,

정동향 내 집 창은 추운 날을
오래 따뜻하라고 일찍 웃고 일찍 데워
바깥의 영하를 건망증에 넣고
온몸 따스히 새해를 맞는다

알맞은 집의 향방과
커다란 눈들의 부지런으로
산을 차오르는 신년 해를 보며
온정의 몇 자로 축복과 속마음을 탁송하네.

얼굴에 달린 날개들로

날고 싶은 인간의 열망이 비행체를 만들었어도
여전히 어디론가 날아가고 싶은

얼굴 얼굴들이
마스크를 쓰면 뚜렷해지는
이마와 두 눈 사이의

눈썹 날개들로
어디로 날고 있는 걸까?
얼굴이 그 마음이 함께 떠오른다

보편화된 반 영구문신으로 갈망과 의지가
더욱 새까매져서

때로는 화살촉처럼 구부리는 날갯짓으로
역병도 다툼도 없는 별을 향하는 걸까?
달 화성 케플러 22b[1]…

지구인들이여
날아 날아 오르세
평화와 행복이 가득한 먼 별을 찾아.

1 2011년 지구와 가장 유사한 조건을 가진 별을 찾았는데 620 광년 거리에 위치하며 공전주기 260~290일이며 지구 질량의 2배로 다만 개스로 된 행성인지 암석으로 된 행성인지, 또한 물의 염도등 몇 가지 미확인 상태임(네이버)

아프메리카[2]를 중심으로
판게아[3]의 분산을 풀다

지구의 대륙들은 판게아에서 분산되면서 원초적 탄성을 질렀지 아시아 아프리카 아메리카 안탁티카 유럽 오세아니아로.

아프리카는 아 자유다(A free) 카 하며 소주 마신 뒷맛이거나 통음이 발한 거고 아메리카는 기쁜(A mery) 마음이 '카'하는 탄성으로 터졌지, 아시아가 "에이 저 봐(A see?) 어?" 탄성을 지르자 "남극이 안돼(Ant)" 하면서 활(Arc)을 찾다가 경련의(tic) 탄성으로 인도와 떨어졌고[4] 유럽은 "이유!" 하며 밧줄(Rope) 타듯 갔고 오세아니아도 "오 영화(Scean)다 아!" 하면서 갈라져 갔어

서로의 그리움을 물결로 손짓들 하는 아프리카와 아메리카는 오죽하면 언제까지나 재회를 기다리자며 둘 사이의 바다이름을 투신한 아틀란티스(Atlantis)[5]로 여직 쓸까? 아프리카 서안과 남아메리카 동안의 해안선들이 사랑의 증표인 듯 만날 날을 기다려 하나 되어 영원히 함께 하고픈,

2 Afmerica : 아프리카와 아메리카의 합성어(작가 주)
3 지구의 대륙은 원래 판게아라는 하나의 대륙이었음 (네이버)
4 원래 인도 남부는 남극과 붙어있었음 (네이버)
5 대서양에 위치했던 인류 문명의 발상지로 추정되는 대륙(네이버)

비빔밥이나 잡탕밥

그릇 바닥에 피 같은 고추장 깔리고
볶은 쇠고기가 꿈의 알갱이처럼 놓이면
한 생의 시작이다

부추니 시금치니 청록의 꿈들이 속을 부풀리고
당근 빛 볼그레달짝 사랑도 해보고
거뭇한 고사리빛 뒤틀리는 세월도 겪고
온몸이 노래지도록 도라지빛 아픔도 지나
묘지 대신 늘그막에 달걀 튀겨 얹어

둘둘 말아 조물주 아니면 하느님 입 속으로 가는
당신이나 나나 비빔밥인데
물 부으면 잡탕밥이고.

헐렁한 마음으로 말랑한 것들을

헐렁한 마음과 매무새가
무른 것들을 좋아하는 습성으로
핫바지 같은 여유로 말랑한 것들을 사면
얼굴에 화색이 돌고 마음도 말랑해진다

조금은 때 묵은 파치의
염가라서보다는 무름에 더 쏠리는 나는
전제군주나 쇳덩이 성품인지?
이빨들 튼튼한데도 좋아하는 것들은
감귤 수박 두부 연시……

마른오징어를 즐기던 이와 얼마간
고추장에 찍어 먹었더니
치열이 엇박자를 내고 턱이 각을 그렸다

체한 경험에 쳇머리를 흔드는 연체류나
딱딱한 것들보다는
헐렁한 마음엔 말랑한 것들이 막역하고
입속에 청량감을 주면
더 바랄 것 없는

어디 말랑한 친구나 사랑이 온다면?

고구마들의 위장

땅속에서 지상을 들으며 머리들을 키우는
늦가을 고구마의
녹색 위장막을 낫으로 확확 걷어낸다

흙을 덮고 매복한 군인들인가?
머리 쓰는 모사꾼들인가?
재사라면 드러났을 텐데
땅속에서 반란을 획책하나?
언더그라운드 음악가들인가?
지하의 흙 된 몇 편 시에 두통을 앓는가?

솥 안에선 물러지고
편의점에서도 구워져
거리에서도 씹어먹히며
흙 밖을 나오면 아무 짓도 못 할 것들의,

유혹이 못 되는 보라의 피부 속에
순백을 향하는 빛 고운 속살과
정이 끈적이는 순교의 흰 피까지 지키려
덮고 있는 몇 겹의 위장을 모르고…

발복을 비는 마음들과 이후

1.
고희가 이마 앞인 아버지는 산야에 드시면
비상 직전의 새 자세로
맞은 편 산세를 눈 저울질 하시고는
"산 너머 먼 산이 안 끼어야 하는데…" 라시며
음택지 선정에 열심이셨는데

유언이 없으셨던지
숙부님이 개울가에 집을 지어드려

나를 청개구리로 만드셨다

2.
십 년 뒤 숙부님은 아버님 산소 비낀
백여 미터 위에 드셔서

뒤바뀐 듯한 서열에
나는 자주 볼을 만졌다

3.
다시 십 년 뒤
먼 길에 올 자손 없을 것을 내다보신 어머니는
"아버지 파내 죄 불살라라." 하시며
생시의 잦은 불화로 저승서도 별거를 택하신 듯
화장터도 다르더니.

사이다 드신 속이었을까?

4.
몇 올 연기와 몇 줌 흙이 되신 분들의 소원은 무엇이었나?
구름 빛 어머니 한 봉지를 숲에 흩고 있는
빈천의 떠돌이와 조락한 꽃들 하며…

큰 나무 아래 작은 나무의 변

검은 강들에 찢긴 하늘에서
햇빛이 폭포로 내린다 왈칵왈칵

강을 덮거나 건너는 구름의
씨알들인지 배설물인지
검은 강들이 맛보고 흘린 알갱이에서 나는
땀 젖은 적삼 냄새, 혹 어머니?

큰 나무의 옷 조각들이 가끔 머리를
만지고 가는 건 귀여워설까? 불쌍해설까?

떡가루도 강이 버린 것을 먹으며
볕 가림과 바람막이 외엔
주변이 휑해지며 말동무도 없다

땅을 파는 내 발짓들도 맥이 풀리네
군함도[6]의 말라 가는 광부인 듯

부모님 선생님 새장 온실 형무소…
어휘들의 의미가 혼동되고
나는 찢거나 깨는 것을 모르고 능력도 없고

과객의 말이 큰 나무 덕은 못 봐도 큰 사람 덕은 본다는데
손들을 흔들자
덩치 큰 사람이 지날 때마다.

6 일본의 섬 이름

아버지의 손녀 사랑과 주식

설날 못 와서 달포 후에 올
손녀를 기다리시는 아버지
학용품도 안기고 용돈도 마련해야겠는데

역병이 잘라먹어 줄어든 수입이
사 놓은 공모주
장세를 살피시게 한다,

여섯 달 내내 침체의 보합세[7]던 ○○중공업 주가가
하필 요 며칠 새 두 배로 폭등하여
이내 증권사에 매도 청탁하신다,

함박미소 핀 아버지 얼굴이 달덩이다
"제 먹을 복을 챙겨 오는
내 우량주에 따상[8]인 손녀야
자주 좀 오지 않고…
눈 나오면 어쩌니?
안고 있는 이 개잡주[9]도 좀 팔자"

---

7 등락이 변동 없는 상태
8 공모가의 160% 상승한 상태, 24,000원이면 62,400원(네이버)
9 성장성이 없고 기업재무상태도 좋지 않고 잘못하면 물릴 수 있는 주식(네이버)

쇠시리

너로 하여 모난 내가
나로 하여 고르지 못한 네가 깎이는
우리는 서로의 쇠시리

너를 미워한 긴 밤이 지나고
떠오른 환한 네 얼굴이 남은 내 마음 모를 또 깍아내네
쑥스러움은 상처처럼 붉고
후회의 때는 발밑에 수북한데

토라져 오지 않는 너의 지금 속내는
쇠시리질로 쓰라릴 때,

햇살에 어둠이 깎여 새날이 오고
다시 어둠의 쇠시리질에 날이 저물고
눈비 오고 바람 부는 것까지
우리를 둥글어지게 하네

이승의 첫발부터
쇠시리질에 자라고 다듬어지고
더 씨룰 것 없도록 완성을 향하는,

떡고물 론

3공화국 때 중앙정보부장이
물품 수입허가를 빌미로 모 기업주에게서
압력 반 회유 반으로 얼마를 덜어먹은[10] 이후
"떡고물 안 묻히고 떡 먹을 수 있나?"는 말이 유행했지

씨가 된 말이 자라 요즘은
떡보다 잔치보다 더 중요해진 떡고물이
떡 먹을 이를 정하고 잔치마저 좌지우지 하는
급행료 기름칠 미끼 밑밥 병마개따개 윤활유 잿밥…
모두 유사어들이지

界를 불문하고 떡고물은
필수품이니 밀봉하여 항상 소지해야 돼
이후로는 모든 길은 떡고물로 통한다[11]가 유행할거야

사람 위에 떡고물, 아이돌 떡고물,
모두 떡고물 앞에 절을 하겠지
아, 떡고물로 떡도 친다지?
떡고물 회사가 신권력이래

"식자우환"이라 나를 탓하시던 어머니
'떡고물 우환'이라 하셨어야죠.

10 소설 『유리성』, 오정인, 밝은 세상
11 '모든 길은 로마로 통한다'에서

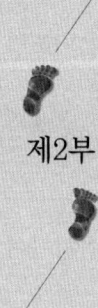

제2부

집념으로 수금하기

밤 열 시경 대리운전을 접으려는데 손님이
"계좌 불러요, 곧 쏠게요."
말에 미꾸라지 냄새가 풍긴다,

아침 아홉 시에도 입금이 감감하여
득달같이 전화 공격이다
"전화를 받지 않아 소리샘으로…"
끊고 다시 공격한다
'도사견의 성질을 잘 모르시나 본데'
전원을 꺼버리는 채무자,

오 분 후 또 시도한다
'일주일 개점 휴업하시려나?
순순히 응신하시지?'
점심 식탁에서 또 전화 공격한다!

저쪽의 전화기 옆엔 사시나무가 서있다
애인이 채무자에게 "어디 새 애인 생겼냐?"고 물으니
"어제 대리운전비 이만 원 때문에…"
"어처구니 하고는,"

중식 후 79회째 공격 마치니
'2△△△년 0월 0일 이만 원 입금 내용은 조 잡한 씨…'
체증 내리고,

영별의 시간

환절의 냉기가 휩싸는 밤
회전하는 천장이 구토시키는 쓰디쓴 이승이
비닐봉투에 쏟아진다

모기 소리로 불러온 구급대원들의 문 두드리는 소리에
낮은 포복하며 비번을 불러 준다

확 문을 열고 들어와
이승의 끄나풀인 휴대전화기와 지갑을
챙기는 구급대원들,

들것에 실려 한기를 입는 임계의 시간
떨고 있는 고엽이다

"죽 혼자였나요?"
이승의 소리 "들리세요 들리세요?"
몸을 흔드는 다급함에게 고개를 끄덕이고
쏟아지는 잠에 가물거리는 어둠과 소리

하얀 병실 천장의 얼굴이 물어 온다
"연락처는요, 아이들이나…?"
"곤한 잠들 뺏지 마세요."
지상에 무엇도 기여한 것 없는 몇십만 시간의 하루

몇 모금 잔여의 이승이 비닐봉투에 또 버려진다
고단과 신산의 남은 노란 액체

천장이 영혼을 달아올리고
일순의 어둠에 막숨이 기어들고
내 영혼은 끝없는 초원을 걷는다
저편 아득히 지상은 멀어지고,

불혹의 하와와 아담

아담의 출근을 준비하는 하와가 잔돈의 기대를
남편의 주머니에 넣지만 먼지만 꺼낸다
눈먼 돈을 모르는 아담이

눈살로 하와를 한참 찌르다가
현관을 나선다,

'저 생각의 발원지는 장사하시는 장인일까?
하와의 강보가 지폐였을까?'

순수의 시대를 막 내리고 금원지향하며
보이지 않는 금이 자리를 넓히려나?

아담은 하와의 명으로 딸의 숙제에 3연속 휴일근로다
국어 독해에 그림과 성악 발성 지도까지…

'딸의 자조는 자랄지?'
물욕에 더해 눈앞의 목적으로 기우는
불혹의 하와가 위험하다

아니다, 수준 이하의 물욕과
酉월 酉일 酉시 태생의 아담의 사주가 원인이다
연 아닌 연이 엉성하게 꾸려진 듯
원심력이 생기는 가정의

하와는 개발예정지에 구입한 판자집 실사 받느라 늦어지고
아담의 퇴근길엔 주점들이 꼬리치고.

일본인 상사 가토 씨와

일본회사와의 합자회사에서
이사 가토의 업무지휘를 영어로 받지만
나를 "박상"이라 호칭한다

적당히를 모르는 가토 이사기에
휴일 잠결에 "박산 사소" 하는 티비의 앵무새 소리가
경기를 일으킨다,

서로 낯익을 무렵 종일 혹사를 앞세워
술을 한껏 사주고는
자신의 집으로 일박을 제의해 그를 따른다,
내 아내에게 사정을 풀어놓고,

몇 분간 거실에서 함께 술을 마시던 그가 돌연
안방 행이다
부인과 나를 남겨놓고

당황과 난감의 사이로 취한 척 쓰러진다
가토 부인은 요와 이불을 내와 육중을 궁글리며 중노동인데

이쯤에서 별들을 띄우나?
도리도리가 예의일까 무례일까?
생각만 집으로 보낸 두 다리가 이불에 불면을 구기는
외박에서 다시 외박을 꿈꾼다,

구토를 목에 건 아침밥상을 물리고
동승한 차에서도 서로는 꿀을 머금고,

소나무◆

남들 가는 동으로 간다
해마다 체적을 늘려 다지고 손들을 내밀어 탁발하고 있다
빛과 물과 기를 채우고도
사방으로 거듭 다가서며 또 달라 한다
목숨의 갈구가 끈질기다

기도와 노래와 울음에 향기 섞어 솔바람 보내고
녹색 날개로 춤도 춘다
초록 혁명의 신념을 흔들어
뜻을 반하는 황엽들의 허물 벗고 마음 다진다
찔린 허공도 아프지 않게 길 가는 일이다

새들과 곤충들의 영육을 쉬게 하고
바람의 놀이터도 되어 주고
안개에게도 손 내밀며
베풀지 않는 듯 베푸는 자비고
손 닿는 것들에게 줄줄 하는
어울려 사는 일이다

성과 속을 몸으로 행한다
풍파에 몸이 휘고 지체 더러 잘려 나갔다
몸 안의 진을 짜 상처를 아물렸다
누가 함부로 불구라 말할까?
구도 아닌 구도로 견디는 일이다

죽기가 힘드니 죽을 힘으로 산다
내일을 어찌 알까만 희망의 해가 뜨는 이승에
또 하루 더 살자.

◆「물병에 담긴 바다」, 문학공원 동인지 제 17호 (2022년)에 상재 , 내용 일부 수정

뉴욕의 눈

미국의 대중가요인 '베티 데이비스 아이즈[1]'의
"You are pure just like New York Snow." 가사를
미국인 여자에게 썼더니
터지는 웃음에 "재미있는 사람"이란다.

뉴욕도 서울도 거대도시의 눈이란
하얗게 내려선 이내 거무튀튀하게 변색되어
걸음을 더디게 하고 때론
교통대란도 몰고 오고
치우느라 애도 먹이는 골칫거리.

거대도시에서 오래 산 나의 순수는 어디쯤일까?
눈삽에 쓸려 어느 변두리에서 물 되고 있거나
노천의 죽은 개처럼 되어 있을까?

순수란 있기나 한가?
공중의 시커먼 구름에서 비롯되어
땅에서도 본색이 드러나는가?
오늘날의 혼탁도
한때는 순수였던가?

1 Betty Davis eyes: Kim Carnes

지구를 위한 달짓들◆

1.
나는 지구의 거덜² 쟁쟁쟁 쇳소리로
'어이 물렀거라 지구님 납신다.'며
돌고 있다 주인님 행차 따라

2.
누구도 얼씬 마라
감히 나의 주인님을 건드릴 낌새만 보이면 제거하는
호위무사고 몸종이고 주구다

3.
달려드는 운석들 별찌들 유에프오들 유도하는 등
'얼어붙은 달 등대 허공에 차고
드넓은 하늘에 지구를 지키는 작은 섬³ 나는 등댓불

◆ 『물병에 담긴 바다』, 문학공원 동인지 제 17호 (2022년)에 상재 , 내용 일부 수정
2 조선시대 사복시로 말을 관리하던 사람이며 관리의 행차 시에 어이 물렀거라를 외쳤음, 거덜나다 거덜거리다 등이 모두 이 말에서 유래되었음
3 은희의 '등대지기' 노래에서

4.
닳아 없어졌다가도 다시 동그래지고
밤거래를 주로 하는 커다란 금화
지구의 대부분의 동전은 나의 모방품이지
구름 떼 몰려 와 은하강 가의 직거래 장터로
나를 데려가려 하네
십만원짜리 백달러짜리 동전도 만들게나

5.
지구의 물은 내게 달렸으니
칠종칠금하던 제갈량이 감히 넘볼까
나날의 물때 조절하는 내가 없으면
지구가 범람하거나
해초도 활어들도 이상증세에 시달리고
임신부들의 양수도 산부인과 행을 조르고
태아마저 이상해질…

네팔의 마르샹디 댐 공사현장에서

1월의 텐트는 게으름을 부추기고
군용가방의 세면도구가 추위를 떨걱거린다

방한용 보드카로 아침을 열면
모르는 일머리가 취해 어지럽다

해발 300 미터의 습기는 컨테이너 속 물품 검수자 몸에 물을 짜내고
송장送狀이 땀방울들을 센다

바이샤[4]를 애걸하는 철조망 밖 반나의
어린 나들의 손을 지치게 하는 마음은 엉겅퀴가 긁는다

그을리다 말고 냇물을 헤엄쳐 가는 시신들에게
내 소식을 얹어 인도양 지나 서해까지 가기를…

4 돈의 네팔어

간이화장실의 파리떼는 골타르로 멸하지만
이내 검은 낯별들로 날며 면역력을 높인다

가설숙소 사무실 차고지 식당이 생기고
이부자리와 미화원이 들며
생활에 풀기가 붙는다

눈雪빛에 그을린 고국의 등반가들이
오지의 숙식을 공사현장에서 풀고 떠난다

병 속의 자연수는 히말라야의 이야기를
하얗게 갈앉힌다

황무지가 마을로 변해 열여섯 나라의 인구가 천여 명이다

시방(Specification) 내용과 다른 철근 조립이 철야 작업을 시키고
미운 건 10mm 오차를 찾아낸 감리원의 줄자다

유채꽃이 피는 언덕으로 고향의 봄이 다녀간다

비포장로는 승차인을 솥안의 깨로 만들고
비바람에 쓰러져 길을 막는 아름드리 나무와 씨름도 하며
130Km 왕복에 하루해가 저문다

중국회사의 동포가 서울의 할아버지께 보내는 편지를 받으며
안겨드린
한 상자의 라면이 따스할지?

술에 취한 누군가는 바나나 나무를 참수하고
미화원 숙소에 다이빙도 한다

회식으로 취한 동료를 넷이서 메고 가는 중국인들의 이채로움에
밤이 들것처럼 흔들흔들 웃는다

앵무새와 구관조와 토끼와 사슴과 원숭이…
관리부장은 동물농장 주인이다

휴가 복귀자가 가져온 물맛같은 소주가 열일곱 달의 객고를
접으라 하는데

틈새

모든 새 숨결은 틈새에서 비롯되나니
청춘이 피는 피부에 뾰루지 돋듯
새숨결 오는 틈새는 가렵거나 아프거나 쓰리단다

봄 싹이 트는 자리도 흙과 흙 사이고
꽃이 피어나는 자리도 가지 끝 작은 틈새,

너와의 사랑을 잉태하려는지
마음의 틈새가 가려워진다

서로의 마음자리에 틈새가 넓어져
사랑의 싹을 틔워 꽃피우려
더욱 가렵고 아파지겠다

성장통의 절정에 관절이 하반신을 마비시키듯
어쩌면 내 온 생각이 너 하나에 마비될지도 몰라.

부침개를 부치면◆

부침개를 부치면
프라이팬에 저항하는 듯
운동장에서 노는 듯
일하며 살아가는 것도 같다

바닥에 붙은 듯
아주 착 달라붙지는 않아
마음 따갑고 열불 나는 길목마다 기름기를 두르고
얼마나 자주 나는 나를 뒤집었나?

스스로를 팽개치듯
매 한 가지 방법으로 몸과 마음 뒤집을 때마다
시원 섭섭 쓸쓸 염려로웠고
뛰어 보지만 아니 멀리 주변이었다,

겉과 속 골고루 알맞게는 익었나?
살아가며 죽어가는 동안 성질은 변했나?
잘 못 익어 버려지지는 않을지?
굴러먹고 언제 변심할지 모를 자라고는 않을지?

벼룩인지 우물안 개구리인지
나는 뒤집고 옮기며 완성을 향하는데,

남의 밑자리 되어 묵묵히 견뎌내는 감히
누구도 손대지 못할 경지는
아주 아득하고,

◆『물병에 담긴 바다』, 문학공원 동인지 제 17호 (2022년)에 상재 , 내용 일부 수정

말리[5] 아가씨의 꿈

비행기에서 내려다보던 히말라야의 홑이불을
한 아가씨가 니제르 강[6] 기슭에 널고 있다

하루 삼천 원이면 뭐든 하리라고 웃음 섞어
데려가 달라며
꿈의 약도를 펼쳐놓았다
강같은 바다 지나 홑이불 덮은 히말라야 넘고
머나먼 땅에 이르는,

흰 꽃덤불이 된 길을 두고
돌아와 쪼그려앉아 다시 꿈길을 치대며 씻는다
두 손으로 계속 강물에 말을 거는 몸 기도다
물결이 먼 곳으로 꿈을 전한다,

남모를 고달픔이 쌓여 부릴 곳을 찾는지
단칸방 몇 식구 새우잠으로 들고 나며
모래밭에 삶을 저당 잡혔는지

먼 그곳은 홑이불이나 이불을 짜고 있을 지금은 정월,

그녀의 막연한 이주의 꿈을 보며
사하라 어귀에 잠시 마음의 뼈를 묻어 본다
우리는 태생에
유랑의 인자에 더해 바람 든 속들인지…

5 아프리카 서북부 나라
6 말리에 있는 강

포위 속의 선창집, 40년 戰史

아버지께서 그 섬에 새로 지으신 집 뒤로는 묘지 동산과 앞으로는 해변로의 목도리 끝에 선창이 나부껴 선창집이던 주변은 사방이 적들이었다

쏘다니던 바람은 집 모퉁이에서 험악해져 고성이었고 바다는 선창과 방죽에게 손찌검을 하며 씩씩 달려들었고 만조 틈탄 망둥어들은 반짝이는 염탐질에 숭어들은 공중을 날며 집안 동태를 살폈다 몰려오던 학꽁치 떼 그물로 싸잡아 죽였고 어느 밤 집을 공격하려던 멸치 떼는 선창과 해변의 협공에 몰살되었다 갯바위엔 굴과 홍합이 시위하듯 웅성거렸고 해삼 멍게 말미잘 배도라치 해초류는 물속 돌틈에서 바닷게와 속과 조개류 낙지와 개불은 뻘 밑에 굴을 파고 집을 노렸고 어느 해의 태풍과 해일은 집채를 멱살잡아 살짝 기울여 놓았다

담장엔 참새와 까치가 논두렁엔 논게 메뚜기 방아깨비와 개구리와 뱀이 엿보고 뒷동산엔 뻐꾸기 소쩍새 쑥국새 밤엔 부엉이 크낙새까지 암구호를 주고받고 수리매는 하늘을 빙빙 돌며 심지어 갯강구와 공벌레까지 마당에서 염탐질하는 집과 식구 온통

사면초가였는데도 뒷울 탱자나무는 가시들만 세우고 파리 한 마리 못 찔렀다 바다가 육지라면[7] 노래가 절로 나왔다

나와 동생은 몇 번씩 용궁에 끌려갔으나 겨우 물귀신은 면한 사십 년 동안 끊임없는 적들의 공격에 할아버지 가시고 두 형을 한해에 또 두 누이 할머니 아버지까지 가족 전력의 반을 잃고 뿔뿔이 흩어져 남은 패전병들도 더러 영육이 성치 못한 오, 알 카트라스[8] 같던 우리의 전장이여

7 조미미의 노래
8 미국의 감옥 섬

제2부 57

사라지려는 단어 '동무'의 되새김

국가재건최고회의인지 중앙정보부인지로부터
동무라는 단어는 북한에서 쓴다는 이유로 사용을 금하고
대신 '친구'를 북돋웠다,

어린 나는 동무도 친구도 없을 것 같은 미래의 예감에
어느 밤 동요 '동무생각'을 달빛에 연줄 풀듯 풀어놓았다

이후로 동무 하나가 대처로 나가고
남원 거제 부산 또 어디
초등학교 입학 시에 팔십여 명이던 급우가 졸업 시엔 쉰 명 남짓이었다
수십 년 지나
동무 친구 모두 손가락들을 꼽아도 다 못 채우고,

각박이 대지를 덮고
이웃도 없고 고독사만 늘어나는 것이
단어 '동무' 사용을 금지한 때문인 듯…

마사이 족의 할례식

타작마당의 흙먼지 더불어
박자 맞춰 지축을 울리는 맨발들의 군무와 노래가
할례를 감싼다
살갗 뜯는 통음을 흡입한다

춤과 곡이 미성에서 성년으로의 고갯길이다
할례에 찢기는 마음들이 노을로 퍼져 천지가 노랗다
즐거운 사람의 숲속엔 고통의 젊은이들,

'아이들아 이제 다 와 간다.'
조금만 지나면 아픔 뒤엔 성숙이 와 있을 터
굽이굽이 열두 고개가 아닌
잠깐의 깔딱고개를 넘어서면

푸른 너희들 색시감 신랑감들이
사랑 사랑 내 사랑 어허야 둥기둥기[9]
너희를 반길지…

9 해바라기 노래

제3부

염습 된 사자는

유죄로
판결은 모두 끝났다
항소도 상고도 솟장마저 소용없게 된 최종 언도엔
저고리 던지며 부른 이름 석자뿐[1]
어떤 변론도 무위였다

숨 쉬고 움직여 먹고 입고 살아낸 것이 죄가 되어
한 움큼 쌀알로 입을 봉하고 두 손 두 발 꽁꽁 묶어
삼베옷으로 가라 하는데,

기다리는 것은 화형이거나 지하감옥이 된
돌이킬 수 없는 지경에 두 눈 뜨고 숨인들 쉬고 싶겠나?

아, 육을 떠난 영혼은
바람 새는 옷자락으로 내세를 더듬어 가야겠네

면죄부가 못 될 울음 그치게
길 끝은 참 냉엄하여서
온몸 얼음장인 듯 굳었다

그나마 어찌어찌 살아왔으니
잠들어 조용히 가게시리
울음 그치게나
그대들 또한 이 길이 기다리는데,

---

1 사람이 죽으면 지붕에 옷을 던지며 고인의 이름을 세 번 부름

회리나 소용돌이 휘돌아 가듯

마흔 해 살던 연이네의 섬마을 이별도
차마 그냥은 못 떠나고
개안을 몇 바퀴[2] 휘돌고 가던 동력선에서

손수건으로도 닦지 못한 눈물 범벅은
어느 파두의 안개로 떠돌고 있는지?
통통통 발 구르며
연기 손 흔들던 배를 따라
공중을 휘감던 갈매기 떼 울음 뒤로
애절한 연이 울음마저 썰물로 떠나가선,

내 *緣依*의 귀향에 백혈병으로 돌아와
환승 뒤로 휘돌던 여객선에서 부르던 손짓이
이승 하직 인사가 되었듯

떠나가는 것들은 모두
제자리 몇 바퀴 돌아야 반심이나 풀리는,

이승에서 저승으로
전생에서 이승으로

강보의 갓난 울음도
태내를 돌아 나와
두 주먹 꽉 쥐고…

2 해안이나 섬마을에서는 애사로 배가 떠나갈 때에는 해안을 몇(세) 바퀴 돌고 떠
  나는 풍습이 있음(사자의 관이나 이삿짐 등)

노숙에 끌리다

손님을 기다리며
서울역 광장을 배회하던 발길이
세 노숙자에게 붙들린다

삼촌이라 부르며
막걸리값 몇 푼 달라는
소리의 별똥별이 한때의 어둠에 휩싸인다,

지린내가 세력을 넓히고
오수가 수묵화를 그리는 바닥에서
새참인지 점심인지 막걸리와 변변찮은 안주 곁에
뒹구는 종이컵들이 허기를 시위하는데,

파산선고와 노숙과 죽음이 매일의 과제처럼 누르고
지린내와 땀내가 한통속으로 몸을 삭히던
지난날들이

나를 부추겨
막걸리 값과 안주 값과 다시 막걸리 값을 드리고도
편의점으로 이끌어 막걸리 몇 병에 안주를 집게 한다,

노숙자들과 얼려 내 어둠의 시절을 마신
얼굴의 열꽃이 봄을 연다,

살아 모질게 살아남아
티끌만큼이라도 도울 수 있게
아직은 허파 숨쉬니…

아지랑이

죽은 무엇의 영혼이 아롱이는가?
애틋했던가? 살아 몇십 년이 무위로
길 아닌 길을 허공인지 산인지
가는 듯 마는 듯 헛것인가?

혼자 앓던 외사랑 말 못한 응어리가 풀리면
저런 살빛 저런 노래가 되나?

연기도 소용없고 세음도 부질없어 가물가물
한때의 실상의 실성한 산란인가?

붙들고 살던 봄꿈이 백주에 저물어
왔던 것도 아닌 것도 같은
취중인 듯 생시인 듯 어쩌면 꿈인 듯

너도나도 끝내는 스멀스멀 색이 공이 되는
물의 숨결 혹은 어느 이파리의 오열 뒤의 傳文
아니아니, 대지의 한 타래 진수, 생이 곧 멸인

꼬리뼈로 생리하는

갈아입으려 벗은 속옷의
꼬리뼈 닿는 부위에 핏자국이 검붉어
설핏 놀란 두 눈이 뇌리를 초대한다

공원에서의 윗몸 일으키기가 꼬리뼈 피부에
쓰린 핏물을 짜낸 것인데
다음날도 같은 곳에 더 정화된 선혈이다,

오늘은 목에 생리대 감고 나가선
공원에 두고 온 칠칠치 못한 나,

조금 더 운동하다 보면
꼬리뼈 곁에 자궁이 생겨
피를 갈고 씨앗이 자라
아들이나 딸이 나오려나?

한 몸에 암수의 공존과
무성생식 시대의 도래를
미리 알리는 꽃물자국 같은,

또 얼마나 많은 생리대를 공원 운동구에 널어둘지?

군인 체벌, 원산 폭격

어디든 정수리가 닿는 곳이 원산이다
열 지어 피어난 초록 무지개들이
공벌레가 되려나?
일시 맹폭에도 원산은 무탈하고

맞잡은 두 손은 엉덩이에 붙인 채
피가 탄두로 쏠리고
콧망울에 땀방울들 맺혀 향수에 젖는 포탄들은
박격포일까 고사포일까?

비듬이 누룽지로 굳어가고
목에 건 인식표가 코앞에서 댕글댕글 그네를 탄다,
"일병 주제에 군기가 빠져
며칠 전 배 일병 탈영했잖아?"

박 아무개 포탄은 잠이 들 것 같은데
반짝반짝 전투화들은
영문을 몰라 볼빛 반짝이고,

잘 다린 작업복에 엉덩이가 하늘 향하는
살아 숨쉬는 군인 포탄, 모두 불발탄들
병영의 시계는 고장 없고.

고향을 거듭 심는데

천 리 먼 고향 한 귀퉁이를 심어
옛이야기나 나누자고
화분에 동백 씨앗들을 심었다

조약돌들과 유리구슬로 바닷가도 만들어
동백꽃 핀 비렁 아래 일던
멀고 먼 파열음 들을 심사로

사흘 멀리 물조리개로 소식을 물으며
여름엔 베란다로 겨울엔 방 안으로 옮기며
고향 꿈을 가꾸었다,

육개월 또 한해 지나도
힘 약한 물조리개 탓인지
시원찮은 흙과 씨앗들 탓인지

발아의 소식은 함흥차사고
고향을 버린 자에겐 줄 것 없다는 듯,
고집 센 동백에게 거절 당한
미련을 털어낸 자리에

거친 숨으로 오르던 황토의 등길 닮은
고구마를 다시 심어 놓고

오늘도 물조리개로 편지를 쓴다.

버려진 공

네거리 구석에 버려진 해골 같은 공을
아이가 몰다가 신호등을 건너며 툭 차 버린다

한때 군중의 탄성도 모았을
날뛰던 탄성은 죄다 빠지고
자리만 옮겨
누웠는지 앉았는지 머리를 보도블럭에 기댔다

모처럼 공중을 날게 한 고마운 아이인지?
몇 대조의 머리 같은데 괘씸한 건지?

치매로 뇌리마저 쪼그라져
자신을 모르는 노숙의 사람처럼
문신이듯 주름이듯 상처투성이에
흙먼지 때가 피부다

언제는 자리의 선택권이 있었나
지난한 역사의 詩도 치매가 먹었나?

가로등이 인파를 왈칵왈칵 쏟는
땅거미의 귀퉁이에 얼굴을 깊이 묻고

중심에서 멀어져 거들떠보는 이도
쓸모도 구원자도 없는
空球여 廢球여.

무릎들 찧고 원산폭격하고
어깨 부딪고 쓰러지다

오른손엔 전화기 들고 왼손으로 비비빅을 빨며 밤길 걷다가
보도블록 턱에 발이 걸린 육중함이

어쿠쿠 오른쪽 무릎 꿇고
왼쪽 머리 원산폭격에
다시 왼쪽 어깨 땅에 부딪고 마저
왼쪽 무릎까지 꿇으며 땅에 절을 한다
일과에 감사가 빠졌다는지?

그 순간에도 얼굴을 90도 돌린다
철컥 바닥에 나뒹구는 작업공구인 전화기를 먼저 살핀다
어디론가 날아간 비비빅에게 죄를 씌우고,

말년을 조심하랬던가?
하루의 마무리에 몸이 무너졌다
밤인데도 신호등에 걸린 차 안의 눈치를 본다

쳇머리를 흔들어 보고
얼얼하고 쓰린 아픔을 가누며 가던 길을 간다,

그래도 오늘 패전은 아니다
알량한 벌이에 땀 범벅으로 헐떡였고
쓰러져도 일어서서 걸어가며

몸에 꽃자리도 몇 곳 갈아놨으니
가을엔 참한 꽃들이 피어날지?

소괄호

초승달과 그믐달을 이어도 만월은 먼데
등돌려 기대면 엑스가 되려나?

방풍막이나 방열막은 될 지라도
우일엔 쓸모 없는

떠도는 자들 불러 보호감호를 해야 하나?
죄인이어도 신경 쓰지 말게
안이면 안이라서 밖이면 밖이라서 좋으니
안팎을 동시에 향유할 수는 없는 일,

소괄호라 잡범들에게 알맞은가?
중죄인의 독실은 아닐까?

속에 있는 것들은 주가 아닌 종이어서
사족같은 말이나 변명이 많고
더하기는 빼고 빼기는 더하고 곱하기는 나누고 나누기는 곱하는
역발상의 시인이 되려나?

그 속에서 귀빈 대접받을 생각하는지?
함부로 밟지 마
소중한 생명의 씨앗이라도 묻혀 있을지.

별들을 부르던 등대 우물

1.
삼백예순다섯 돌들로
스물일곱 왕[3]의 넋을 돌단마다 넣어 만든
등대 우물로

밤마다 별들을 불러
그믐밤보다 짙은 어둠 속에서
별들이 발을 씻으며 나누던 이야기가
남쪽 창을 흘러나와 국운을 밝히는 나침반이 되었다,

별들의 예언을 따라 여울져간 역사의 줄기엔
꽃들이 만발하였고
금빛이 찬란하여 서역 먼 나라들이 찾아오더니,

역사의 저물녘엔
물길 떠돌던 술잔들이 깨어지고 창칼들과 병마의 울음에
명맥이 다한 나라를 북국[4]에 넘겨
마의로 마이[5]에 든 왕자하며...

2.
액운을 별빛들에 실어도 보내며
왕국의 명맥을 별나라처럼 오래 잇고 싶었을

하늘이던 여왕의
누운 남성의 땅에
우뚝 솟아 천지가 서로 기를 교통하던 등대우물이
이제 지혈의 난맥과 이울어간 천년 왕국의 생각에
몸도 기울고…

3　선덕여왕은 27대 왕이며 돌단은 27단임 돌의 개수는 365개
4　고려
5　마이산

로빈 깁(Robin Gibb)[6]이 화양연화[7]를 녹음할 때

오래고 많은 연습에도 울컥 녹음장이 흐릿해진다
이 노래가 이승의 마지막 노래는 아닐지 제발
이어붙이지 않게 잘 불러야 할 텐데,

전주의 멜로디가 걸음을 떼고
울컥이는 서글픔이 노래를 먹칠하려 든다
휴우~ 긴 한숨 내쉬고

첫소절 "I ain't~" 차분히 잘 넘어가는데
"Would you~be there~called you"에서 울컥 목에 뭔가 걸려
내려가지 않는다, 눈시울이 더워진다,

그래 여전히 난 화양연화 속이야
고국에서 타국으로 다시 고국으로
그리고 앤디[8]와 모리스[9]가 가고 남은 둘이
세월의 강에 노래의 꽃줄기들을 많이도 띄웠다
모두 바람 속 먼지[10]는 아닐지?

"They come swimming into view"가 또 성대를 물고 늘어지고
코까지 먹먹하다
"Still~buried in my view"에서 눈가를 훔치고 만다

이렇게 감정에 끌려다니는 내가
몇십 년을 어떻게 노래를 불렀는지?
가까스로 "~Oh yeah" 노래를 매듭짓는데,

'형 헌데 만약에 만약에 말야
내가 형보다 먼저 이승을 뜨면
어머니 우리 엄니 잘 부탁해
동생 주제지만…'

◆ " " 속의 영문은 모두 원곡의 가사 인용
6 비지스의 둘째
7 Days of wine and roses의 작가 번역
8 비지스의 막내
9 로빈 깁의 쌍둥이 동생
10 스콜피언스의 노래 제목

다정한 대걸레들

버스를 타면 대개
빈 일인석을 고르다가
아무 곳이나 빈 좌석을 찾는다

버스 크기에 따라 조금은 다르지만
앞에서 왼쪽 두번째 혹은 세 번째는
모서리가 불거져 있고
곁에 대걸레까지 버티어 대개 빈 자리다

비스듬히 선 대걸레가
'너나 나나 남의 밑자리나 살피니
귀한 자리엔 생각을 접고
불편을 끼고 여기 앉게' 하며 친절로 권한다
정작 저는 앉을 생각 않고,

내 이력을 아는지 점술사인지
버스들의 대걸레끼리 입소문이 돌았는지
대리기사 박 아무개 타거든
이 자리 꼭 지켜 섰다가 앉히라고,

버스들 속의 대걸레에게
빚이 많은 내가…?

통영의 해저 터널

중고등학교 육년을 등하교시키던 어둔 길목은
바다의 요실금에 늘 흥건히 젖어있고
우일엔 수도관만 길이더니

메아리가 깊어서
짝사랑의 이름이 성대를 간질이던 곳

龍門達陽[11]
태양을 향하는 용의 뱃속을 들고 나던
모두가 이카루스[12]였나

사람도 차도 자전거도…먹인 듯
입과 항문이 구분 없는 뱃속을 다녀오고도
아무렇지도 않고
아무것도 외치지 않은 사람들
여전히 하늘로부터 도망가고 있는지[13] ?

양끝을 뭍과 섬에 놓고 꿈틀대며
요나[14]들을 삼키고 뱉는 고래일까?

캄캄을 틈타 소녀를 껴안던 열여섯 살의
배 밖의 간은 어디로?

◆ 『0과 1 문학』(사단법인 한빛 문학관, 도서출판 수우당), 2023년 창간호 상재 내용 일부 수정
11 터널 입구에 쓰진 초서체로 용의 문으로 지명인 산양에 이른다는 뜻, 본문은 태양으로 전환
12 그리스 신화 속 인물
13,14 성경에서

가장 함축된 시

전화로 묻는 겨울 안부에
"아가 난 괜찮다." 는 어머니의 짧은 시가
만 생각에 봄을 지핀다

정말 괜찮으신지 아닌지
얼었던 땅 꺼지는 소리로 돌아앉으시거나
아무리 잘 나도 자식은 늘 천치라시며
끙, 구들장을 지고 눕지는 않으시는지?

가라앉을 듯
전마선 한가득 겨울 해초를 싣고
저으시는 노에 언 손들을 녹이시지는 않는지
군불은 지피시고 땔감은 있는지?

가슴에 묻은 것들과 저승 가다 온 것과 얼뱅이까지
옆구리가 결리실 당신
함축된 시로
겨울 눈보라 지난 소나무가[15] 무덤덤 서있듯

그렇게 말할 수밖에 없는
속은 썩어문드러졌을 그 가슴을 누가 좀
꺼내 다오
그 안에 곰삭은 시와 소설과 노래를 한껏
마시려니.

15 세한도(추사 김정희)에서 인용

이어열도[16] 에서

이어도가 소원성취한 여기는 이어열도,
해마다 구월이면 전쟁을 치르던 태풍의 방어용으로
중심인 이어도를 부상, 확장하고
중국 령 퉁다오에서 일본 령 도리시마에 이르는 해상에

삼국이 200km²의 인공 섬들을 둘씩 만든 여섯 섬이
초승달들인 듯 그믐달들인 듯 남태평양을 향해
쉼 없이 수영경기를 하는
六月列島[17] 로도 불리지,

라스베이가스로 가던 관광객들이
발길을 돌려 몰려드는 이어베이가스[18]는
낮이면 요트와 서핑 등으로 파도를 요리하고
밤이면 휘황한 불빛에 영혼들을 사르는 관광명소를,
유람선 깔고 앉아 일주일쯤 휘감을 참이네

삼국의 남태평양 어업의 전진기지이기도 하여
각국의 열도 수비대가 자국의 嶺島들을 지키며
어선들과 상선들을 통제하는

이곳을 지나면 태풍은 중풍으로 바뀌고
한반도를 지날 땐 소풍 가듯 흘러가는,
수천 년 동안의 마의 태풍의 길목을 막은 기념으로
구월이면 삼국이 저마다 축제를 여는……

16 이어도를 확장 증도한 가상의 섬들
17 유월열도 (Six moons Islands)
18 이어도와 라스베가스의 합성어
◆거제도 면적 : 402.3Km^2

외제 순대를 만들며

해외에서 이태쯤 되면
고국의 무엇인들 그립지 않으랴?

"오늘 황 과장 생일에 네팔산 멧돼지 사 왔는데
순대 한 접시에 씨바스[19]로 불붙일까요?

현장 총무의 발동에
울고 싶은데 뺨 맞은 듯 김 반장이 배관공까지 불러
돼지 내장을 세척한다

다라이에 내장 담고
물 건너온 하이타이까지 풀어서 몇 번을 치대며 씻더니

깎아놓은 작대기로 뒤집어
허옇게 변색되도록 이면도 씻고는
담아 뒀던 멧돼지 피를 나발을 꽂아 내장 풍선을 분다
비법인 레시피는 뇌리에 감추고
네팔산 순대 제조에 법석들이다

주방장은 돼지 같은 미소로 순대 솥을 바라보며
소주 대신 씨바스 생각에 혓바닥이 얼얼하다

보시 제대로 할 줄 아는 이 멧돼지의
종교는 불교였구나.

19 Chivas Regal whisky

뱀술

인간의 천적인 뱀의
술이 자양강장과 관절염에 좋고
끊어진 허리도 이어준다니◆

가을 들판에 겨울잠 자러 가는 뱀을
발로 지긋이 밟아선 모가지 움켜 쥐고

1/3을 비워낸 1.8리터 막소주 병목에
쑤셔넣으면 사력 다해 상모를 돌리는 뱀
대가리만 들어가면 미끄러지듯 병술에 다이빙해선
똬리 트는 놈을

자른 소나무 가지로 병마개 한 위에
양초 녹여 바람 한 점 못 새게 봉해 놓으면

날마다 밥을 술로 술도 술로 마시고 취해
하늘이 노래진 뱀이 구토에 구토 끝에 몸까지 구토하고
병 속에서 취사해서 몸으로 간간하게 간까지 맞춰 몇 년 된

뱀의 노랑 하늘을 꺼내 홀짝홀짝 마시고 어리어
홀은 짝을 부르고 남편은 아내를 불러다
자장가로 토닥거리나
이불 속에서 노랑 하늘 보이도록 밤 내 별들을 띄우며…

◆ 의학적 근거는 없음 (네이버)

풍만하고 풍성해서

얼굴과 몸매의 풍만에
말씨까지 풍성해서
누가 뭐래도 모두 들어줄 것 같은
호남형에게는

병원은 진료비와 치료비로 풍선을 불고
시장의 곳곳마다 바가지가 덤비고
출판사들은 저작권료에 묵묵부답이고
영등포 역전의 호객녀가 뚜껑을 낚아채 가도

팔자소관으로 스스로를 다독이다가도
어쩌자고 야수들에게 뜯기는 한 마리 무소 신세일까 싶은
머리까지 겨울 바람이 후려치고 간다

전생에 남의 것을 뺏고 못된 짓들을 많이 했거나
거짓말쟁이나 사기꾼이었을까?
어떻게든 베풀고 살아야 할 운명 같은데

성품은 짯짯해서 법과 원칙을 따져 들고
남의 것 넘볼 생각 1도 없는

남은 0.1톤의 빈천까지
발기발기 뜯어 가면…

파도 위에 집을 두고

해일을 이고 태풍이
방 안까지 바다를 밀어넣는 추석 아침이다
파도에 앉아 피난을 권하시던 아버지는
천장에 두 눈을 매다신다

척박한 삶에 애면글면 지은
새 집과 함께 하시겠다는
할머니의 애착이 난처하다,

바닷물의 차례상이 한 방 그득하고
파도가 차례를 지낸다

풍전등화같은 파상 가옥이고
수상가옥이다
식구의 목숨 몇 내어주고
해산물을 교환하며 연명하던 가족인데

가진 것 모두를 달라는 부당한 거래 앞에
생각의 씨가 마른다
파도가 벽을 훑어가며
집채도 허물겠다고 으름장을 놓는다
바다 쪽의 아래채는 이미 슬몃 기울었다,

친지의 등에 엎혀 우의 속에서
비와 바람과 파도의 협주곡을 캄캄하게 들으며
언덕을 넘어 피신한다

헤엄치는 집도 잠영하는 길도
모두 내려놓고 비우고 있다.

◆ 영시집 『SKY POET』(Sirang Bak, Sina Publishing Co. 2023)에 상재

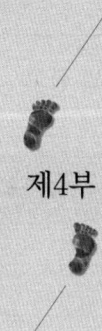

제4부

소주에 취한 떼기 땅

한 떼기 땅이 소주를 병나발 불고
실례했는지
젖은 지도 위에 병 조각들을 흩어놓고
알콜 냄새 훅 퍼뜨린다

몸 부위들이 구분 없는
노숙의 습한 취기가
젖은 그림자 되도록 녹았는지?

쏘아보는 병 조각들이
따끔, 어딜 감히 디오게네스[1]의 후예 곁을 얼씬거리냐며
경고를 찌른다

바닥의 몸이라 자존심이 더 강한지
취기에 오기가 더하는지
'오염된 손으로 만지다 피 보고 싶냐'며
시퍼렇게 윽박지른다

취중 과민에 온 신경이 바짝 곤두서는지
무슨 혐오증이라도 있는지
어르고 달래며 집는 나를
주눅 들게 하는데,

1 그리스의 철학자

어머니 속의 어둔 溫井을 키우며

1.
어머니 속의 빛이 멸한 溫井을
시나브로 풍선 부풀리듯 키우며 바깥을 듣는다,
먼지만도 못한 씨앗이

오감은 아직 아득한
육감으로 필생을 희망하며
내 백魄을 만드시는² 곳으로 드는 영양수로
나도 자란다

2
보리밭을 매시는 어머니의 노래에 화음 넣는
쑥국새의 한이 유년을 지배하려나?
해초 흔한 갯가의 쑥국 타령³은 빈자의 예고인가?

즐거운 노래를 부르시도록 권하고픈 송신은 생각뿐
수신 촉각만 발달된 미물 같은 나는
세포마다 슬픈 음악이 배이려나?

새벽별들을 이고 나셔서
개밥바라기를 이고 드시는 나날은
평생 밤을 낮처럼 밝히는 야등으로
천부의 가난을 진 채
들판을 집인 듯 잠들려나?

3.
가래로 겨울 홍합을 긁으시며
세찬 파도의 미친 춤에 밀리는 배와 갯바위 사이에
다리를 치이시는 어머니, 어이쿠!

출렁이는 어둔 온정 속에서 훅 뜨거워지는 나
추위와 지속되는 아픔도
삶의 노래가 되려나?

밤물결 저편의 귀항을 인도하는
도깨비불을 따라 노를 저으면
애기 귀신의 울음이 언덕을 내려와
오싹 소름을 피우니, 겁도 많을지?

2 혼은 아버지가 백은 어머니가 만든다고 함(네이버)
3 쑥국새의 전설

4.
산과 들과 바다를 덑⁴으시는 노고는
삼백예순 날도 숨이 차서

쉼 없이 노력하시는 분의
溫井에서 익힌 습성으로 생이 꾸려질지?
기다려지는 빛의 대지여!

걸음걸음 놓일 애환과
한과 가난과 고통과 두려움과 장애물…
모두 넘어가야 할,

---

4 덑다 : 더듬어 훑다

은화과隱花果

젖몸살 앞세워 맺힌
꽃받침 유두가
탐심들이 염려되어 속꽃들을 피워요

내면의 어둠에서 젖 먹여 키우며
꽃받침도 자라고 익어가지요

꽃들을 보시려면
쪼개시든 으깨시든
온몸을 망가뜨리세요,

은밀히 키우는 소중한 자식들에게
화무십일홍이 가당키나 하나요?

영육을 다해 평생을 키워내는 소중한
속꽃들의 생사의 일인데…

기후새[5]

지구의 생명체들은 평생을
주변 기후의 외피에
적응하며 살아간다,

어릴 땐 태풍과의 전쟁에 지쳐
비바람 적은 곳을 희원했건만
아버지는 태풍의 길목을 제독처럼 지키셨다

자라서 중서부 평원을 지나
서울의 언저리를 이저리 이주 다니다가

10년 넘게 사는 이곳은 고향에 비해
비바람이 훨씬 적어[6]
천혜의 땅에 와서 꿈을 이루었나 싶었던

이곳엔 눈이 잦아
생업인 밤 운전과
눈 치우는 일까지 짐이고

겨울 저온으로
고혈압과 약한 심장이
보다 온난한 기후를 달라는데

이상고온에 안겨 살까?
체질에 꼭 맞는 맞춤형 기후는 없을까?
베트남의 하노이는…?

5 철새에서, 조어로 기후를 따라 이주하는 새 또는 사람
6 연평균 경남 거제 2,100mm가량 경기 시흥 1,200mm 가량(네이버)

달무리 속에서 달이

1.
상사병인지 전염병인자
수만 리 멀리까지 얼음수정의 울을 두르고
몸과 마음을 추스린다

잠깐 칩거고
접근금지니,

소문이 화근인
상사라면 입을 닫고
병 중에도 길은 가야지 그 끝이 어떻든

2.
차디찬 얼음국경의 영공인데
한순간 이룬 왕국이야 멸망해도
몸이야 괜찮겠지?

허망한 잠시에 나보다 더욱 슬퍼하는 주변이
때 지나면 종서로 지상에 전할 것을
세우고도 펼치지 못한 나라가 하늘에 있었다고

그래도 아직은 후광 찬연하이

3.
감히 누가 굴렁쇠로 쓰려느냐?
한 나라의 외경을,

다람쥐는 더욱 아니라서

굴르고 돌리는 놀이를 모른다.

규화목[7]

지하로 끌려온 나를 찾는 동족 없었다
못 찾았는지 고아였는지

땅속의 어둠에 몸이 붙들린 채
강제교육을 받아왔다

'너는 내 양식[8]이다
내 자식이어야 한다'는 땅의 가르침에
주는 흙을 먹고 입고
지하수를 마시며

순응하는 듯한 오랜 함묵 끝에
땅도 흙도 아닌
점차 돌이 되었다
나무 같은 돌인 목석,

보석인지 보목[9]인지
땅의 오랜 보살핌과 가르침들은 모두 헛수고가
되어 버린…

7 땅에 묻힌 나무가 지하수 등에 의해 단백석이나 마노로 변한 것
8 양자와 양녀
9 보석 나무

칸나와 베르테르(Werther)[10]

초록 권총이 불을 뿜는다
배르테르는 사라지고
피가 초록 관을 타고 허공에 튄다

열정도 행복의 극치도
붉은 빛이라며
베르테르의 영혼이
초록 날개 퍼덕이며 날아오른다

살아 못다한 사랑
유언 따라 계곡이며 차도 가에[11]
피어나리라며
하늘길을 간다

바람결에 떨며
롯데[12]의 영혼은 베르테르가 머물던 자리를 더듬고
알베르트[13]는 여름날 되어 무덥다

사랑하리라는
영원을 향하며 기다리겠다는[14]
언약이 불탄다.

10 Werther; Sorrow of young Werther, Johan Volfgang Göte, 1774
11 본문에서
12 소설의 여주인공
13 롯데의 남편
14 본문에서

움직이는 꽃나무

생각 다시 다듬으면 사람아
우리 모두 꽃나무들 아니냐?

걸음걸음이
마시는 물 한 모금도
양지녘 볕바라기도
꽃 피우려는 몸짓들이어서

오늘 당신과 내가 이루어낸 작은 일들이 꽃이란다
남들의 눈이 몰라도
대로변 화려한 꽃 아니어서 탐하는 이 없어도
저마다 꽃 피우고 있는 것을

안개꽃 같은 한두 송이
한 줄기 푸른별의꽃처럼
혹은 골짝에 몰래 피어지는 무명화이듯
나날이 우리는 꽃피워 쌓는다

일상의 땀방울들로 꽃피워내는
살아 움직이는 우리가 꽃나무란다.

사람이 길일 때

사람이 길일 때가 허다하다
만나는 사람들이 길을 늘인다

가시 언어로 또는 벽이 되어 길을 막거나
교집합이 없어서
때론 저울추에 사심이 실려서…
오던 길을 에돌아 걷거나

이도 저도 아니어서
버려진 자의 거부하는 몸짓에
내가 버려지기도 하며

지나온 길을 털어내는 날갯짓이
오는 길을 반기는 몸짓이 된다,

어느 알맞은 마음과 뜻 있어
동행이나 뒷바람이 될까?

버리고 또 버리고
외로운 그믐밤 길이라도
다시 헤집어 광명을 찾아야겠다

길만 길 아니라
사람도 길이어서.

애주가의 보법과 딸기코 아들

1.
술을 일수 찍는 갑명은 취권[15] 보법이다
가끔 얼굴에 팥죽이 말라붙은 채

게슴츠레한 눈들로
담장을 안전점검해 가며
살짝 꼬이는 걸음은 개다리춤을 물고 있다

중심을 붙잡고 온수를 뽑을 땐
허공에 목례를 몇 번 하고,

갑명의 일수 술에 아들 일주의 코가
나날이 딸기빛으로 익어가는데
친구들이 딸기코라 놀려도 당연한 듯
자랑스레 반긴다.

2.
초등학교를 마치고 뱃사람이 된
일주의 코가 술 냄새를 찾아다녀
부전자전 일수 술인데,

어디에 있나?
딸기코 일수는 어디서
술과 딸기빛을 일수 찍고 있을까?

15 영화 취권

두루마리와 노는 아이의 직업 예측

아이가 바닥을 엉금엉금 기어 두루마리를
들고 뜯는다
닭털 뽑는 일이나
솜틀집을 하려는지

녹록치 않을 한평생을 이미
내다본 듯,

두루마리가 풀리며 굴러간다
돌돌 서류 풀리듯 옷감 풀리듯
멍석 펼쳐지듯
창틀에 부딪혀 멈춘다

볼링 선수나
문필가나 옷감 재단사나
곡식을 너는 농부가 될지?

머뭇거리던 생각 끝에 다시 기어가
몇 번 탈탈 터는 모양이
세탁소나 전업주부가 되려는지?

닥치는대로
몇 직업의 예행에도
부엌만 거두시는 어머니
'난장판 봐요.'

여덟에 에워싸인 혹은 여덟을 가진 하나

태양계와 코스모스와 옥텟[16] 과 문어와…
하늘이 주신 복인지 액인지
각각 한 옥타브로 음악을 연주하나?
설마 내 참한 연인이 그런 사랑이야 할까?

혹 일부팔처제라면 저출산율 고민은 없겠네
전쟁이나 풍파가 잦아 일처팔부제일까? 아냐

살아 계신 그분이 팔복[17] 을 가르치시네
이 부족함에게 거듭 되새기라고
태양계와 들과 바다와 내밀한 곳에서까지

아주 중요한 내용이어서.

---

16 1 원자는 8 전자로 에워싸여 있음. 8 비트를 한 묶음으로 하는 것. 음계.
17 성경 마태복음 5 장

천수만 상공의 새떼 그물

천수만 상공에 수천의 새떼가
군무를 춘다

뭔가를 포획하려 휙휙 투망질이다
구름이 날개를 펼치지만 머리가 걸린다
어지럼증에 시달리는 하늘이다

새떼의 그물은 소물어서 던지면 다 걸리지만
마음이 부르고 관대해서 걸리는 족족 방생이다

오늘 석양이 저 그물을 피할 수 있을지
하행길이 걱정이다만…

졸복이 날아 지상으로 다시…

잦은 입질로 낚시바늘을 귀찮게 하는
작은 졸복이
선창에서의 낚시질에 걸려

수면서부터 하얀 배를
한껏 부풀려 긴장과 허풍 실어 날아오른다
사태 파악이 안 된 배불뚝이의 저항에
낚싯대가 휘청 윽박지른다,

시멘트 바닥에 툭 뒤집혀
데굴데굴 '아이구 나 죽네'를 몸짓하는 흰 풍선배를
'요것아 더 부풀려라' 며
어린 태공의 악취미가 발로 궁글린다

'제발 제발 용궁으로의 귀가를' 애걸하는데도
용서는 천상에 있고
"퍽" 발에 밟히어

해저에서 지상으로 다시
천상으로…

지구본

어린 왕자[18]가 쓰레기 집하장에서
가져온 지구본을 방안에 둔다
지구의 위성이 알로 변했다

수많은 지구본들이 자전하고
달과 인공위성과 열기구와 비행기와
비행선까지 회전하여

우주에서 가장 위성이 많은 별을
기네스북은 잠이 깊어
기록을 못하는지?

지구는 알들이 있어
부화도 시킬런지?

돌아온 어린 왕자가
죽도록 그리다가 말,

18 아들과 어린 왕자의(생 떽쥐베리의 소설) 중의

멀리 수평선

바람에도 요동 않고 구심력도 안 받는
이분론자는 저승에 있나

바다를 걸어 놓고 말리겠다고?

시뻘건 불덩이 올려 천지를 밝히고는
갈매기들 줄넘기 시키는데

잘라서 빨랫줄이나 낚싯줄로 쓸까
내 딸 고무줄 놀이감이나 할까?
오랏줄로는 턱 없이 가늘어 옷이나 깁나?

아, 저 선 넘어 가서
아직도 오지 않는 사람들...

◆ 영시집 『SKY POET』 (Sirang Bak, Sina Publishing Co, 2023)에 상재

동백꽃이 멀리 동박새에게

어디에 몸을 부려
입 방아질을 하는지?

지난해 너의 부리짓 생각에
마음 달아오르고
속곳 속 피로 도는 꿀에
몸이 가렵다,

소화전에도 소방수에도 지지 않는 속불은
너의 입술에 한 계절 저물고 싶다

사랑아 내 사랑 동박아
사진이라도 찍어 나를 보낼까?
자꾸 꿀이 차서 아랫도리가 무겁다
마음 붙일 데 없는 꽃가루는 또 어쩌고?

너를 부를 목청도 손도 없이
꽃몸살도 죽은 듯 견디는
봄은 왔는데
임자 없이 가고 마는지?

상록에 살다 가는 태생 도인처럼

식음도 취침도 용변도 오직 뽕잎인 누에가
없는 길도 걸으면 길인데
발자국 하나 어디 남길까?

상엽의 들이고 바다인 길을
희노애락의 피고 짐도 무관한 듯
장삼 빛 단벌의 도인처럼 산다

초원 같은 상록에 살다가
등신불을 꿈꾸는 듯
손수 며칠을 만든
하얀 관 속으로 드는데

무욕한 한 생의 행실이
업보가 되어
올로 풀어 빛이 되는,

오로지의 수도의 길이
아득만 한 이 중생
고치 속의 연가[19] 나 부를까?

19 영화 〈땅콩껍질 속의 연가〉에서

개울물 소리와

한창 피가 끓고
청춘이 익는 소리
골골이 왁자하다

입술로만 말 아니라
몸도 영혼도
부딪히는 결마다
성장통의 세찬 말들이 크높다[20]

감출 수 없는 걸음걸음들
닿는 곳마다 웃음 같고 울음도 같은
구비가 되고
쓰라린 통증이 피는 굴곡도

품이 넓어지고
생각이 깊어져
마음밭이 커지면

철없는 해작질도 속에 거느리고
알아도 모르는 척
벗겨져 쓰린 살갗도 손으로 문지르며

먼눈파는 척 웃음도 섞어
가야 할 때도 오겠지.

20 크고 높다

기다리는 외짝들

겹쳐져 눌린 발가락의
피질이 벗겨져
발가락 양말을 신었는데

두터워지고 비틀린 발톱이
한쪽 양말만 먹어치우는 고집에
이내 버리고

혹 짝이라도 구할까 싶어 모아둔
나머지 발가락 양말들이
서랍의 어둠 벗으면 매번 환호한다,

잘난 건 없으니
못났거나 별난 탓일까
나도 20여 년을,
아니 하 많은 외짝들이
독거의 서랍들 속에서
빛 찾는 노래를 부르고 있을까?

찾아들 짝이여
지금 어디쯤에,
있기는 한가?

평화의 하오◆
— Hans Zimmer의 음악 'The Davinch Code'

청아한 종소리는 찰랑이는 물결 얼려 자장가로 울리고

대청에 잠든 아이 숨을 고른다

하늘엔 새 한 마리 빙빙 순찰을 돌고

설핏 허공 향해 웃는 아이 얼굴은 옹알옹알 어머니 품을 그린다

꿈길에 들어

태내를 또 전생을 거슬러 가는 기억이 숨차다

그 먼 나라에도 바람의 언덕으로

겨울 눈보라 모질고 겨운 노래에 지친 마음 잦아지면,

아이는 홀로 몸을 뒤척이는데 어머니 아직 안 오시고

그늘진 마루는 양달을 밀어내고,

◆영시집 『SKY POET』 (Sirang Bak, Sina Publishing Co. 2023)에 상재

대출 도서의 반납 연장

도서관에서 빌려온 책을
기한을 넘겨 연장하고도
다 못 읽고 반납하는 때가 있어

죽음이 올가미를 던지던 한 시절
반납하려던 내 목숨 같다

아직 덜 읽었는지
읽고도 더 파악할 내용이 남았는지

地神이 대출 받아
아직도 읽고 계실
이리 차이고 저리 밟히어 너덜너덜해진

하늘 도서관에서 대출 된
한 권의 책같은 나
두 번 연장은 안 되는지

책도 오래 살고 싶을까?

급사굴곡 해안(Rias coast)[21]

마음 줄의 변덕이 어찌 저 홀로 일었겠고
어느 삶 한 곳 한 때 반반하던가
곶과 만 구비 구비 한이고
열 길 벼랑에 매달린 허공 하며

먼 바다 나가 오지 않는 영혼 두고
가슴 치며 애 태우는 암벽과
나팔 불어 소리 치는 곳에도
물결은 빈 소식 허연 거품만 풀고
속앓이는 낱낱이 모래밭이 된 것을

서러움인 듯 미쳐 가듯 어쩌면 자포자기의
사금파리 쓸어대는 울화의 노래는
또 얼마나 잦은지?

사선에 매달려 혼신으로 구하는 삶이고
모두가 꽃 그리는 화백들 아닌가?

울음도 길어지면 노래가 되고
물결도 장단이 되는 것을
상처의 누적은 허무를 수용하는 일이고
무뎌진 마음 발에 각질을 더하는 일이다

물살에 떠 가던 일곱 살 영혼은
머리채만 물 아래 춤을 추다가
잠길 듯한 전마선에 실려 와선
뒷산 덕장에서 겨울을 입김 분다,

평시도 울음 같던
어머님 목소리의 숨은 까닭이
모진 세파에 굳어져 돌쩌귀로 앉나니

무서리 한도 때가 차면 씻은 듯 가실지
애태움을 빗금 치던 장마도 가고
갯바위에 춘궁식[22]을 널던 겨울도 가고

봄 바다 물안개로 떠돌다 가는
죽은 영혼들의 노래여 사랑이여
꽃 아닌 것 있는가?

---

21 해안선이 복잡다기하여 굴곡이 심한 우리나라의 남해안이 이에 해당한다
22 고구마를 빚어 말려 춘궁기에 삶아 죽으로 먹었음

제 9 병동(Ward 9)

가슴 통증이 응급실로 이끌었다
환자복을 입고
삽을 면도해 혈관을 또 팔목 혈관을 찾아
풍선을 스탠스를 꽂아
발가벗겨진 자존심에도 통증은 평행이다,

제 9 병동 중환자실은
기저귀 찬 아이들 같은
혈관종양이나 혈관동맥 환자들의
보호감호소인 듯한데

내내 반생반몽이고 취중 몽생이다,
답답함이 촉발한 거짓 급무에
의사의 느린 말씨 따라
날을 채워야 병원을 벗어날까? 해도 따라 느려 터지고

사나흘이면 열불도 꺼지고 말
연인은 소식 감감이고
고객 모시라고 채근인 직장은
직원 안녕엔 생각이 전원 나갔다,

바쁜 여식을 부른다니 모가지 꺾이게 됐는데
'아직 살아있어 미안하지만 지인들이여
여기는 제 9 병동이에요,'

마음에 맷돌을 얹을 병원비 하며
날품팔이 퇴원하면 날씨나 고울지…

사랑이 떠난 뒤 마늘을 까고

사랑이 떠난 뒤 나는 몇 날을
종자 마늘을 까고 있다

돌아서 흘렸을 눈물 지금사 전해져
늦여름 장맛비 소리 아프고

한켠에 깐 마늘을 모아 가며
손톱 밑 뜨도록 집중을 옮겨 보지만

재채기 소리만 집채를 울리는데
이저리 어질러진 마음 같은 껍질들도

이내 구덩이에 묻히어
개도 고양이도 닭도 밟고 지나면

봉분 없는 애기장처럼
평지가 되어지겠지

언제쯤
떠난 마음이
서리를 풀어
시려질까, 남은 온기 모두?

툰드라 지하에서 온 꽃나무와 나

고 참 용하다
모질고 끈덕지다

한 오백 년 오천 년은 노래나 역사로 들었어도
툰드라의 지하에서 삼만이천 년을 썩지 못하고
지상에 모셔져 꽃까지 틔우다니?

그날 그 적 공중에 애절했던 선약 있었나?
눈물도 개벽도 막지 못한 인연 있었나?

이 꽃과 이름을 위해 보낸 아득한 세월
5보 1배로 마음 버텼나?

이제 나도 죽으면
무덤 위로 겹겹 낙엽이 덮고
몇 번의 개벽 끝의 지하에서
썩지 못하는 마음 5진법으로 기다리면

몇만 년 뒤 어느 손에 이끌려
박물관에 무언가로 앉을지?
보는 이들의 마음 살큼 덜어먹으며
조리개 속의 기념으로 찍힐지?

다알리야 지나
실레네스테노필라처럼.

꽈리

평생이 매운 시집살이라
달아오른 얼굴로
문을 걸고 두 눈 두 귀 입을 봉한채 져 갈
목숨들 종족들
꽃인 듯 열매인 듯

들은 말 옮기다 명 재촉한 이들 하나둘이던가?
긴혹 술 마셨냐는 물음에도 고개 숙인 함구다

속에서 몇닢 동전만 짤랑거려도
적의 만발한 바람 목을 겨누고
복주머니 털겠지

황혼빛 껴입은 뜻은
숙연함을 알리려 함이다
오뇌의 흔적은 능선으로 휘어졌는데
종소리도 노래도 내 안으로 들으며

구멍 보이지 않고 들앉은 심성과
만 냥 보화를 속인이 알 리야?

점보라니?

태생부터 얼굴에 점들이 많았던 내가
출장지인 나이로비[23]의 공항을 나서는데

현지인이 대뜸 점보라 부른다
깜짝 놀란 내 얼굴이
손을 당긴다

이 분들이 한국어를 배웠는지
'어찌 첫 인사가 이럴까?' 싶었는데
여기저기서 점보라며 웃는다
이 나라의 인사인 줄 조금 뒤에 깨달았다,

귀국하여 취업 면접용 제물로
점들을 죄 날렸다

그런데 점들이
검버섯 씨앗이었는지
또 다른 검정 무늬들이 터를 넓힌다

이 무슨 악연이
평생을 얼굴에서 검정 시윈지?

23 케냐의 수도

볕뉘

예가 무슨 금싸락 땅이라고,

생사의 갈림은 종이쪽 얇기라
병목 저쪽엔
소리 없이 죽어 널브러진 빛살들 쌓였을 텐데

이리 환해도 되나?
지상은 늘
생명들 오고 감이 공존하는
잠시의 터라 위안하나?

살아있는 기쁨의 노래
심장 가눌 만큼만 부르자
아직은 금빛이니

응달이 야금야금 먹어와
일순 죽어 흔적 없을 터

생각 나면 내일 이맘때
판박이 보렴.

하늘의 아랫목에서

아랫목에 누워 뒹구는 나는
멀리 윗목의 별들의 노고를 몰랐네

냇골에서 얼마나 몸은 얼고 아릴까?
손 비비는 별의 정전기가
가시처럼 눈을 찌르는데,

부모님보다 더 나를 지키려 애쓰는
성좌 하나쯤 데려와
아랫목에 따뜻한 이불이라도 덮어 준다면

수만 가지 쌓인 이야기가 녹아
방바닥이 흥건해지고
바람도 창을 비집고 한 자리를 조를 텐데

어떻게 눈이라도 조금 붙이는지…?

미람未嵐 박시랑 제6시집
생의 점묘화, 어디만치

인 쇄	2024년 6월 24일
발 행	2024년 6월 28일
지은이	박시랑
발행인	서정환
펴낸곳	신아출판사
주 소	전라북도 전주시 완산구 공북1길 16 (태평동 251-30)
전 화	(063) 275-4000
팩 스	(063) 274-3131
이메일	sina321@daum.net
출판등록	제465-1984-000004호

저작권자 ⓒ 2024, 박시랑
이 책의 저작권은 저자에게 있습니다. 서면에 의한 저자의 허락없이
내용의 일부를 인용하거나 발췌하는 것을 금합니다.
COPYRIGHT ⓒ 2024, by Bak Sirang
All right reserved including the rights of reproduction in whole or in part in any form.
저자와 협의, 인지는 생략합니다.
잘못된 책은 바꿔 드립니다.

ISBN 979-11-94198-14-7 (03810)
값 13,000원

Printed in KOREA